健康
免疫力

时尚无器械、小器械训练150种

朱 毅 王雪强 主编

河南科学技术出版社
·郑州·

图书在版编目（CIP）数据

健康免疫力：时尚无器械、小器械训练150种／朱毅，王雪强主编.—郑州：河南科学技术
出版社，2020.9

ISBN 978-7-5725-0001-5

Ⅰ.①健⋯ Ⅱ.①朱⋯ ②王⋯ Ⅲ.①健身运动 Ⅳ.①G883

中国版本图书馆CIP数据核字（2020）第112470号

出版发行：河南科学技术出版社

地址：郑州市郑东新区祥盛街27号 邮编：450016

电话：（0371）65788629 65788613

网址：www.hnstp.cn

策划编辑：李 林

责任编辑：李 林

责任校对：龚利霞

书籍设计：张 伟

责任印制：朱 飞

印 刷：河南博雅彩印有限公司

经 销：全国新华书店

开 本：720 mm×1 020 mm 1/16 印张：9 字数：116千字

版 次：2020年9月第1版 2020年9月第1次印刷

定 价：45.00元

如发现印、装质量问题，影响阅读，请与出版社联系并调换。

本书编委会

主　编 朱　毅　王雪强

参编人员（按姓氏笔画排序）

王梦琪　王雪强　朱　毅　刘春玉　孙永秒

纪美芳　杨　正　杨亚铭　辛瑶瑶　金兵站

郑秋岗　郑德昌　胡浩宇　胡静怡　南孟村

梁廷营

主编简介

朱毅　副教授，博士生导师，西安交通大学医学部临床骨科学及神经生物学博士后。郑州大学康复医学院副院长，郑州大学第五附属医院肌肉骨骼疼痛康复科主任。科技部创新人才推进计划重点领域创新团队协作专家。中国康复医学会康复治疗专业委员会常委、中国康复医学会物理治疗专业委员会常委、《中国康复医学杂志》编委，以第一作者或通讯作者发表 SCI 论文 10 余篇。主持国家自然科学基金 2 项、参与 2 项，主持省自然科学基金面上项目 2 项、中国博士后基金 1 项。获国家发明专利 1 项、实用新型专利 2 项。

王雪强　博士生导师、教授、副主任康复治疗师、上海上体伤骨科医院院长、上海体育学院运动康复学系副教授，研究领域为运动康复。主持国家自然科学基金 2 项，省部级课题 2 项，厅局级课题 3 项，荣获上海市曙光学者计划、教育部霍英东教育基金会青年教师基金、上海市青年科技英才扬帆计划资助。担任 SCI 期刊 Trials 副主编，*Evidence-Based Complementary and Alternative Medicine* 首席客座编辑。中国康复医学会物理治疗专业委员会青年委员会副主任委员，中国康复医学会疼痛康复专业委员会委员，上海市康复医学会理事，上海市康复医学会物理治疗专业委员会副主任委员。近 5 年以第一作者和通讯作者发表 SCI 论文 30 余篇，发表期刊为 *Neurotherapeutics*，*Age Ageing*，*Eur J Neurol*，*J Cell Mol Med*，*Clinical Rehabilitation* 和 *J Am Heart Assoc* 等 SCI 收录期刊。2017 年，以第一完成人获得中国康复医学会科学技术奖二等奖；2018 年，被评为"上海市杰出青年康复治疗师"；2019 年，以第一完成人获得上海市科技进步奖三等奖；2019 年，荣获吴阶平医学基金会中国康复医疗机构联盟 2019 年度"突出贡献康复专家"。

前言

新冠肺炎肆虐时，研究人员发现，虽然所有人对新冠病毒都易感，但重症或死亡病例大多数是老年人或合并有多种疾病的慢性病患者，主要原因就是这部分人免疫力低下，难以应对病毒的攻击，无法建立有效防御。

中国工程院院士张伯礼表示，得病"是病毒和人体免疫力博弈斗争的结果，把抵抗力提高了，往往就不容易被感染，即使感染，也是轻的"。上海华山医院感染科主任张文宏教授也说，"实际上最有效的药物是什么？就是人的免疫力"。无论是新冠病毒还是其他疾病，凡是人体免疫力比较强的，往往不容易感染或得病，即使感染或得病，恢复也比较快，预后往往比较好。人体与疾病斗争的过程，实际上也是免疫力与疾病战斗、抵抗疾病的过程。

什么是免疫力？免疫力简单地说就是抵抗力，是帮助我们抵抗疾病的能力。我们的祖先很早就对免疫力有了认识。《黄帝内经》中有"正气存内，邪不可干"的说法，同时又提出"邪之所凑，其气必虚"。这里的"正气"指的就是身体的抗病能力，"邪气"就是指引发疾病的各种因素，说明人体健康的关键在于"正气"，就是自身的抗病能力。

那么，如何提升"正气"，提升免疫力呢？专家提示，营养合理、作息规律、情志舒畅、合理运动，这些都是提升免疫力的关键所在。这其中，运动更是提升免疫力的重中之重。

研究证明，运动能够增加免疫细胞的数量，提高免疫细胞功能。2020年2月，美国国家体育科学院陈佩杰院士在国际知名刊物 J Sport Health Sci 上指出，在新冠肺炎疫情期间，保持规律的体育锻炼并在安全的环境中进行日常锻炼是健康生活的重要策略，有充分的证据显示，运动锻炼可保持身体健康和免疫系统功能。近期的研究发现，高强度间歇训练可改善心肺功能。

既然运动可以提高免疫细胞活性，提升免疫力，是不是运动越多越好呢？各年龄段人群应该如何锻炼呢？没有时间去健身房或条件不允许去健身房时，该如何居家锻炼呢？这些读者关心的问题，编者在书中都一一给予了解答。撰写本书旨在帮助大家了解这些运动常见问题，教导大家科学合理的锻炼方法，使人人都有健康的免疫力。

让我们一起努力，学会正确锻炼的方法，提高自身免疫力，为践行"健康中国"战略，跑起来，动起来，练起来！

希望此书能给大家带来帮助。因时间仓促，书中可能存在错误之处，希冀读者和同道批评指正，以便再版时修订更正。

编者

2020年2月

目录

免疫力与运动 ……………………………… 1

什么是免疫 ………………………………… 2

为什么运动可以提高身体免疫力 ………… 2

疾病流行期间该不该锻炼？如何锻炼 …… 4

各年龄段运动处方 ………………………… 5

老年人（65岁及以上）运动处方 ………… 6

中青年人（18~64岁）运动处方 ………… 7

儿童、青少年（5~17岁）运动处方 ……… 8

呼吸训练 …………………………………… 11

腹式呼吸训练 ……………………………12

双侧肺上叶扩张训练 ……………………12

双侧胸廓中部扩张训练 …………………12

双侧肺下叶扩张训练 ……………………13

拉伸 ………………………………………… 15

上肢肌群拉伸 ……………………………16

肩关节水平内收拉伸 ……………………16

肩关节内旋拉伸 …………………………16

肩关节外旋拉伸 …………………………17

肩关节前屈拉伸 …………………………17

肩关节外展拉伸 …………………………18

屈臂肩关节环绕 …………………………18

手臂环绕 …………………………………18

下肢肌群拉伸 …………………………………19

大腿前侧拉伸（股四头肌拉伸）…………19

大腿内侧动态拉伸…………………………19

俯身大腿后侧拉伸…………………………20

小腿三头肌拉伸……………………………20

腘绳肌拉伸…………………………………21

臀部（动态）拉伸…………………………21

躯干肌群拉伸 …………………………………22

颈部肌群拉伸………………………………22

胸部肌群拉伸………………………………22

跪姿背部拉伸………………………………22

猫式伸展……………………………………23

腰部后伸拉伸………………………………23

腰部侧屈拉伸………………………………24

腰部旋转拉伸………………………………24

全身舒展……………………………………25

力量训练 ………………………………………27

肩部肌群力量训练 ……………………………28

肩关节上举力量训练………………………28

肩关节侧平举力量训练……………………28

肩关节前屈力量训练………………………29

肩关节外展力量训练………………………29

肩关节后伸力量训练………………………30

肩关节外旋力量训练………………………30

肩关节内旋力量训练………………………31

肩胛骨前伸训练…………………………………………31

肩胛骨内收力量训练………………………………………32

肘部肌群力量训练………………………………………33

肘部屈曲抗阻训练………………………………………33

初级肘部伸展抗阻训练……………………………………34

肘部旋后抗阻训练………………………………………35

腕部肌群力量训练………………………………………36

腕关节屈曲抗阻训练………………………………………36

臀部肌群力量训练………………………………………37

双桥运动…………………………………………………37

单桥运动…………………………………………………37

腰腹部肌群力量训练……………………………………38

对角线卷腹………………………………………………38

屈膝卷腹…………………………………………………38

单腿屈髋屈膝卷腹…………………………………………39

反向屈髋卷腹……………………………………………40

初级侧拉…………………………………………………40

坐位背拉…………………………………………………41

站位背拉…………………………………………………42

侧桥运动…………………………………………………42

四点稳定训练……………………………………………43

膝部肌群力量训练………………………………………44

屈膝肌群力量训练………………………………………44

伸膝肌群力量训练………………………………………45

终末端伸膝肌群力量训练…………………………………45

踝部肌群力量训练·································46

踝背屈力量训练·································46

踝跖屈力量训练·································46

核心肌群力量训练·································47

对墙俯卧撑·································47

俯卧撑·································47

跪姿爆发俯卧撑·································48

平板支撑·································48

平板支撑交替抬腿·································49

侧平板支撑·································49

仰卧抬腿·································50

初级瑜伽球双桥运动·································50

中级瑜伽球双桥运动·································51

初级反桥运动·································51

中级反桥运动·································52

高级反桥运动·································52

下肢肌群力量训练·································53

跪姿后抬腿·································53

靠墙静蹲·································53

提踵·································53

简单肌力训练·································54

踝泵训练·································54

伸膝肌群训练·································54

屈膝肌群训练·································55

颈后肌群训练·································55

有氧运动 ·· **57**

　　勾腿跳 ··58

　　高抬腿交替跳 ································58

　　交替箭步蹲跳 ································59

　　开合跳 ··59

　　"大"字跳 ····································60

　　摸地蹲跳抬臂 ································60

　　波比跳 ··61

　　俯身跨步登山 ································61

　　空中蹬车 ····································62

　　蹲起 ··62

　　半蹲左右移动 ································63

高强度间歇训练（HIIT）·············· **65**

　　初级 ··66

　　中级 ··67

　　高级 ··68

小器械训练 ································ **69**

　　棒铃操热身运动 ····························70

　　　　原地踏步 ································70

　　　　半蹲摆铃 ································70

　　　　弓步摆动 ································71

　　　　转体回环 ································72

　　　　单肩环转 ································72

　　　　双肩环转 ································73

　　其他小器械训练 ····························74

肩部哑铃运动 ················· 74

肩部滑板运动 ················· 77

躯干壶铃运动 ················· 79

下肢滑板运动 ················· 80

下肢壶铃运动 ················· 82

下肢弹力带运动 ················· 84

全身壶铃运动 ················· 86

放松运动 ················· 90

泡沫轴放松运动 ················· 90

筋膜球放松运动 ················· 92

居家健身舞蹈 ················· **95**

形体训练 ················· 96

站姿训练 ················· 96

绷脚坐姿 ················· 96

跪位压脚背 ················· 97

直膝压脚背 ················· 97

勾脚坐姿 ················· 98

跪坐压脚趾 ················· 98

直膝压脚趾 ················· 98

日常坐姿脚部练习 ················· 99

盘腿坐姿 ················· 99

对脚坐姿 ················· 100

金刚跪坐 ················· 100

站立提踵训练 ················· 101

日常靠墙训练 ················· 101

仰卧双前抬腿 ·············· 102

地面前抱腿 ·············· 102

地面前屈腿 ·············· 103

基本动作 ·············· **104**

左右移颈 ·············· 104

前后探头 ·············· 104

前后抖肩 ·············· 105

软手 ·············· 105

水蛇手臂 ·············· 106

小五花 ·············· 106

胸部四向练习 ·············· 107

左右摆髋练习 ·············· 108

前后顶髋练习 ·············· 108

秧歌步 ·············· 109

并步 ·············· 110

三步踩 ·············· 111

压脚侧点 ·············· 112

前后点踏 ·············· 112

居家舞蹈组合 ·············· **114**

下肢小组合 ·············· 114

上肢小组合 ·············· 114

协调小组合 ·············· 114

优美小组合 ·············· 115

活力小组合 ·············· 115

家庭锻炼 ·············· **117**

亲子平板支撑一 …………………… 118

亲子平板支撑二 …………………… 118

负重靠墙蹲 ………………………… 119

负重伸膝 …………………………… 119

平板支撑击掌 ……………………… 120

平板支撑——伏地挺身击掌 ……… 120

辅助下倒立俯卧撑 ………………… 121

双人俯卧撑 ………………………… 121

对抗组合 1——髋外展肌与肩内旋肌 …… 122

对抗组合 2——髋内收肌与肩外旋肌 …… 122

对抗组合 3——核心屈曲稳定 …… 123

对抗组合 4——核心扭转稳定 …… 123

双人臀桥 …………………………… 124

负重伸髋——核心稳定性锻炼 ………… 124

人体杠铃 …………………………… 125

仰卧举腿传球 ……………………… 125

拉伸胸肌 …………………………… 126

拉伸臀肌 …………………………… 126

拉伸背部 …………………………… 127

拉伸体侧链 ………………………… 127

拉伸髂腰肌 ………………………… 127

拉伸小腿后肌群 …………………… 128

免疫力与运动

什么是免疫

免疫是身体的免疫系统对一切异物进行非特异或特异性识别和排斥清除的一种生理功能。免疫系统由免疫器官和组织、免疫细胞和免疫分子组成。免疫器官包括骨髓、脾、淋巴结、扁桃体、阑尾、胸腺等。免疫细胞包括淋巴细胞、单核巨噬细胞、中性粒细胞等。免疫分子包括抗原、抗体、免疫球蛋白等。免疫球蛋白因结构不同可分为 IgG、IgA、IgM、IgD 和 IgE 5 种，多数为丙种球蛋白。IgA 主要存在于乳汁、唾液、泪液和呼吸道、消化道、泌尿生殖道等黏膜表面，参与局部黏膜免疫。

免疫可分为先天免疫和后天免疫。先天免疫也称固有免疫、非特异性免疫，是人体在长期进化中所形成的、与生俱有的抵抗病原体侵袭和清除体内异物的防御能力，是机体抵御病原体感染的第一道防线。后天免疫也称获得性免疫、特异性免疫，是人体感染病原体后，对再次感染所产生的不同程度的抵抗力。例如，接种疫苗就属于人工获得性免疫，是以人工方法将疫苗等免疫原性物质或免疫物质 (特异性抗体) 接种至人体所产生的特异性免疫。在获得性免疫中起关键作用的是 B 淋巴细胞和 T 淋巴细胞。

为什么运动可以提高身体免疫力

研究证明，运动能够增加免疫细胞的数量，提高免疫细胞功能。Candmae 发现，15 分钟的功率自行车运动后，T 淋巴细胞水平可明显升高。也有研究报道，中等强度的运动可以提高中性粒细胞的吞噬作用和杀菌功能及自然杀伤细胞（简称 NK 细胞，是先天免疫系统的主要成员）的毒性作用（反映机体抗病毒能力的重要指标）。

呼吸道分泌型 IgA 含量的高低与呼吸道黏膜对病原体的抵抗力呈正相关。Mgcknnon 对 14 名游泳运动员进行跟踪观察发现，过度训练的运动员唾

运动对免疫系统的影响

单次运动

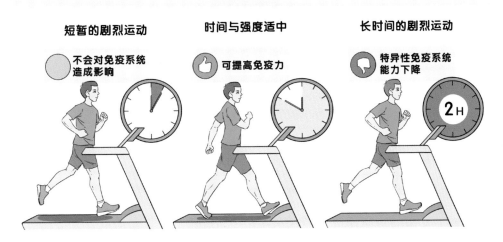

短暂的剧烈运动 — 不会对免疫系统造成影响

时间与强度适中 — 可提高免疫力

长时间的剧烈运动 — 特异性免疫系统能力下降 2H

液 IgA 浓度显著低于训练适度的运动员。由此可见，经常进行适量的运动能够提高唾液 IgA 浓度，降低上呼吸道感染的机会，提高抵抗力，而长时间高强度的运动则会抑制免疫功能，降低呼吸道分泌液中的 IgA 浓度，增加上呼吸道感染率。部分研究者认为，这可能是由于剧烈运动后，抑制性 T 淋巴细胞被过度激活，以控制剧烈运动后因自身抗原释放所造成的自身免疫性损害。

大量运动免疫学研究发现，人体运动的强度与上呼吸道感染率之间存在一种微妙关系：若以正常不运动者作为参照，则适中强度的身体运动可明显降低上呼吸道感染率，而大强度运动训练则会使之明显升高。由此可见，适度运动（轻、中等强度）能有效地提高免疫功能，增强身体抵抗力。而过大强度、过长持续时间且频度过高的运动训练，则会抑制免疫功能。

运动即良药。运动是预防和治疗疾病不可缺少的一部分，是一种有效、低成本的干预策略，投入不是很大，获益却成倍增加。

疾病流行期间该不该锻炼？如何锻炼

规律运动可以促进身心健康、提高身体免疫力，这和积极防御疾病传播是不矛盾的。有些人误以为在疾病流行期间，需要停止任何形式的运动锻炼，包括居家的运动锻炼。众多研究表明，任何时候开始规律运动都不晚。

有人说，栽一棵树最好的时间是十年前，次好的时间是现在。即便之前您没有规律运动的习惯，在疫情期间，开始进行规律的运动也是利大于弊。但要注意两点，一是传染病流行期间，我们尽量不要外出，可以选择居家锻炼；二是运动强度和运动持续时间等需要循序渐进。

切忌突击锻炼。这是因为大强度急性运动后，免疫系统的某些指标被抑制一段时间，有学者将这种过大强度运动后免疫功能的抑制期定义为"开窗期"，此期可持续 3~72 小时不等。在这一特殊时期，机体免疫功能低下，各种细菌、病毒等病原体极易侵入人体并导致疾病发生。大量调查证明，运动员在大运动量训练期间或赛前强化性训练结束后，各种感染性疾病尤其是流行性感冒及上呼吸道感染等的发生率急剧增加。

有些运动爱好者希望通过规律运动提高自身免疫力及身体功能，但可能不知道运动的形式、频率和强度等。本书将从通过规律运动提高身体免疫力的角度考虑，传达各个年龄人群运动的效益、形式、频率、强度、持续时间，以及健康所需的身体活动总量的信息。本书还会为大家展示一些简单易学又非常实用的日常锻炼方法。这些锻炼方法，不需要器械或者只需要简单的器械，如哑铃。当然，如果没有哑铃，也可以用家中简便易取得的物体代替，如矿泉水瓶等。

注：①可以根据最大心率（220－年龄）判断运动强度是否适宜。高强度运动时，心率应控制在最大心率的70%~85%，中等强度运动应控制在60%~70%。②也可以根据运动后第二天的身体疲劳度来判断是否运动过量。如果运动后第二天感觉身体比较轻松，没有明显不适症状，说明前一天的运动量较为合适，可继续进行或适量增加强度；如果第二天感到身体有明显酸痛或疲惫，应较前一天减轻运动量。③运动后不要马上大量饮水进食和洗澡。规律的运动，加上合理的膳食和充足的睡眠，才能更好地增强身体免疫力。

各年龄段
运动处方

老年人（65 岁及以上）运动处方

现有资料显示，老年人和免疫功能较差的人更易感染新型冠状病毒，而且感染后病情进展相对更快，严重程度更高。有充分证据表明，65 岁及以上老年人通过规律的运动可以获得重要的健康效益，如提高身体免疫力、增进心肺功能、减少疾病发生的风险。世界卫生组织推荐的老年人运动处方如下：

· 老年人每周至少应进行 150 分钟中等强度的有氧运动，如快走、慢跑、爬楼梯、跳健身操和打太极拳等；或每周至少应进行 75 分钟的高强度有氧运动，如跳绳、快跑等；或中等强度和高强度两种运动相当量的组合。

· 有氧运动应该每次至少持续 10 分钟。

· 为获得更多的健康效益，老年人可增加有氧运动量，可每周进行 300 分钟中等强度或 150 分钟高强度有氧运动；或相当量的中等强度和高强度运动组合。

· 活动能力较差的老年人每周至少应有 3 天进行提高平衡能力和预防跌倒的运动。

· 每周至少应有 2 天大肌群的力量锻炼。

· 因健康状况不能达到所建议的身体活动水平的老年人，应尽可能在能力和条件允许的情况下积极进行身体活动。

中青年人（18~64 岁）运动处方

中青年人免疫功能通常比老年人好一些，但是如果中青年人第一次接触大量新型冠状病毒，即使免疫功能较强，也可能被感染。大量证据显示，与运动较少的中青年人相比，运动较多的中青年人群患各种慢性病如心脏病、高血压、脑卒中等的概率较低，因为运动可提高身体免疫力、心肺功能、神经肌肉功能、胃肠道消化功能等。世界卫生组织推荐的中青年人运动处方如下：

·18~64 岁中青年人每周至少应进行 150 分钟中等强度有氧运动，如慢跑、

跳有氧操、爬楼梯等；或每周至少 75 分钟高强度有氧运动，如快跑、高抬腿跑、俯卧撑、跳跃击掌等；或中等强度和高强度两种运动相当量的组合。

·有氧运动每次应至少持续 10 分钟。

·为获得更多的健康效益，中青年人应增加有氧运动，可每周进行 300 分钟中等强度或 150 分钟高强度有氧运动；或相当量的中等强度和高强度运动组合。

·每周至少应有 2 天进行大肌群的力量锻炼。

儿童、青少年（5~17 岁）运动处方

根据对发病患者的流行病学调查，研究人员发现，新型冠状病毒与 2003 年 SARS 流行病学特征类似，儿童及婴幼儿发病较少，但也有儿童被新型冠状病毒感染。证据显示，经常参加运动的儿童和青少年，体质与健康状况可以充分得到改善。规律运动可显著提高儿童和青少年的身体免疫力、心肺健康水平、肌肉耐力和肌肉力量等。世界卫生组织推荐的儿童、青少年运动处方如下：

·5~17 岁儿童和青少年应每天累计至少有 60 分钟中等强度到高强度的运动，如快跑、高抬腿跑、俯卧撑、跳跃击掌等。

· 大于 60 分钟的运动可以带来更多的健康效益。

· 大多数日常运动应该是有氧运动。同时，每周至少应进行 3 次高强度运动，包括强壮肌肉和骨骼的运动等。

上面三类人群均可通过规律运动保持身心健康、提高身体免疫力、抵御新型冠状病毒等。相对于免疫力低下人群，免疫力较强人群即使被新型冠状病毒感染，病情进展也可能相对缓慢，严重程度较低。鉴于感染新型冠状病毒的肺炎疫情，为了避免大家去人员密集区域运动，本书推荐的运动方式都可以居家进行。中等强度运动推荐慢跑、跳有氧操、爬楼梯、打太极拳等，高强度运动推荐跳绳、快跑、高抬腿跑、俯卧撑、跳跃击掌等。

呼吸
训练

腹式呼吸训练

·仰卧位。

·一手置于胸部，一手置于腹部。

·呼吸时双手感受胸腹部的运动。

·吸气时，保持胸部不动，腹部的手感到微微上抬。

双侧肺上叶扩张训练

·坐位。

·将双手放至胸壁的双侧肺上叶处，进行深呼吸。

·呼气末期双手逐渐用力压迫胸壁；吸气时则边吸气边减轻手部力量。

双侧胸廓中部扩张训练

·坐位。

·将双手放至双侧胸廓中部，进行深呼吸。

·呼气末期双手逐渐用力压迫胸壁；吸气时则边吸气边减轻手部力量。

双侧肺下叶扩张训练

· 坐位。

· 将双手放至胸壁的双侧肺下叶处，进行深呼吸。

· 呼气末期双手逐渐用力压迫胸壁；吸气时则边吸气边减轻手部力量。

拉伸

以下动作建议根据个人情况适量增减。

上肢肌群拉伸

肩关节水平内收拉伸

· 可取坐姿或站姿。

· 右侧肩关节前屈90°，然后水平内收肩关节，左手在肘关节处施加压力帮助拉伸。

· 保持10~30秒，每组5~6次。

· 同法练习左侧，左右肩交替进行。

· 每侧练习3组。

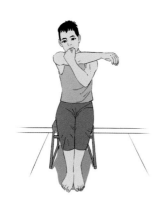

肩关节内旋拉伸

· 可增加肩关节内旋活动度。

· 取坐姿或站姿。

· 如下图示右手在上，左手在下，双手在背后握住毛巾。

· 右手用力向上提拉。

· 保持10~30秒，每组5~6次。

· 同法交换左右手练习。

· 每侧练习3组。

肩关节外旋拉伸

·面向门框站立。

·右侧上臂外展,右肘屈曲,右前臂置于门框。

·躯干缓慢转向左侧,直到右侧胸肌有牵拉感。

·保持 10~30 秒,每组 5~6 次。

·同法练习左侧,左右两侧交替进行。

·每侧练习 3 组。

肩关节前屈拉伸

·面向墙壁或门框站立。

·右侧肘关节屈曲 90°,手沿墙壁或门框向上滑动,肩关节外展,直至有牵拉感。

·保持 10~30 秒,每组 5~6 次。

·同法练习左侧,左右两侧交替进行。

·每侧练习 3 组。

肩关节外展拉伸

· 身体右侧靠墙站立。

· 右肘关节伸直，右手向上滑动，肩关节外展，直至有牵拉感。

· 保持 10~30 秒，每组 5~6 次。

· 同法练习左侧，左右两侧交替进行。

· 每侧练习 3 组。

屈臂肩关节环绕

· 双脚分开与肩同宽，保持身体直立。

· 双手握拳，屈臂，大拇指点在肩部，肩膀向前做画圆动作，尽量增大肩部的活动幅度。

· 全程呼吸均匀，动作匀速协调有控制。

· 35~45 次 / 分，重复 1 分钟。

手臂环绕

· 双脚分开与肩同宽，保持身体直立。

· 双手前平举，手腕关节紧紧相靠。

· 由上至下转动手腕，腕关节互相不要分开，同时尽量增大手臂环绕的幅度。

· 全程呼吸均匀，动作匀速协调有控制。

· 35~45 次 / 分，重复 1 分钟。

下肢肌群拉伸

大腿前侧拉伸（股四头肌拉伸）

· 站姿。

· 屈膝，向后抬起右侧小腿，右手拉住右脚。

· 左手扶墙保持平衡。

· 保持 10~30 秒，每组 5~6 次。

· 同法练习左侧。

· 每侧练习 3 组。

大腿内侧动态拉伸

· 站姿。

· 双脚分开约 2 倍肩宽，脚尖朝向斜前方，重心放在一侧腿上，下蹲至另一侧腿完全伸直。

· 背部挺直，微微俯身，伸直的大腿内侧朝向地面，双手尽可能地去触碰地面（根据情况而定）。

· 双脚脚后跟不能离开地面。全程呼吸均匀流畅，动作匀速协调有控制。终末端不做停留，动作转换连续。

· 同法练习另一侧。

· 每侧练习 3 组。

俯身大腿后侧拉伸

· 一侧腿在前，另一侧腿在后，前侧腿保持膝关节伸直踝关节背屈，后侧腿膝关节屈曲向下。

· 躯干前伸，在整个过程注意收腹以保持躯干挺直，髋关节屈曲。

· 吸气时保持身体姿势，呼气时增加拉伸的幅度。

· 保持 10~30 秒，每组 5~6 次。

· 全程动作匀速协调有控制。

· 同法练习另一侧，左右腿交替练习。

· 每侧练习 3 组。

小腿三头肌拉伸

· 站姿。

· 左腿向前跨步，屈曲。

· 右腿伸直，拉伸后侧小腿肌肉，注意右脚跟不要离地。

· 保持 10~30 秒，每组 5~6 次。

· 同法练习另一侧，左右腿交替练习。

· 每侧练习 3 组。

腘绳肌拉伸

·仰卧位。

·左髋屈曲90°，双手抱住左侧大腿远端，主动伸膝至大腿后侧有牵拉感。

·保持 10~30 秒，每组 5~6 次。

·同法练习右侧，左右腿交替练习。

·每侧练习 3 组。

臀部（动态）拉伸

·站姿。

·左腿屈膝屈髋，双手用力抱紧屈曲的膝盖紧贴腹部上提。

·吸气，右腿同时踮起脚尖。

·保持 10~30 秒（动态拉伸时不保持），每组 5~6 次。还原时呼气。

·同法练习右侧，左右腿交替为一组。全程动作匀速协调有控制。

·每侧练习 3 组。

躯干肌群拉伸

颈部肌群拉伸

·坐姿。

·头向右侧侧屈，右手放于头部，适当向下施加压力帮助拉伸。

·保持 10~30 秒，每组 5~6 次。

·同法练习左侧，左右两侧交替进行。

·每侧练习 3 组。

胸部肌群拉伸

·身体左侧靠门框站立。

·左手向上放于门框旁，身体缓慢靠近门框帮助拉伸。

·保持 10~30 秒，每组 5~6 次。

·同法练习右侧，左右两侧交替进行。

·每侧练习 3 组。

跪姿背部拉伸

·跪姿。

·手臂向前延伸，臀部向后坐于脚跟。

·保持 10~30 秒，每组 5~6 次。

·练习 3 组。

猫式伸展

·跪在垫子上，双膝分开与骨盆同宽；双手分开与肩同宽，掌心平稳地放在垫子上。

·深吸气，头和臀部向上翘，腰背部向下塌，使整个脊柱充分伸展，把注意力集中在腰背部。

·深呼气，头和臀部往里收，整个腰背部向上弓起，注意力集中在整个腰背部。像猫伸懒腰一样。保持 10~30 秒。

·每组 5~6 次，练习 3 组。

腰部后伸拉伸

·跪姿，双膝分开与肩同宽。

·双手十指交叉，上举，直至腹部有牵拉感。

·眼睛看向手的方向。

·始终保持脊柱中立位或后伸位。

·保持 10~30 秒，每组 5~6 次，练习 3 组。

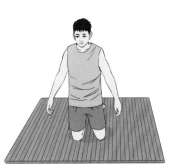

腰部侧屈拉伸

· 盘腿坐位，双手抱头。

· 先向左侧屈躯干，直至右侧腰部有牵拉感。

· 保持 10~30 秒，每组 5~6 次。

· 同法练习右侧，左右两侧交替进行。

· 每侧练习 3 组。

腰部旋转拉伸

· 仰卧在瑜伽垫或普拉提垫上。

· 右腿保持伸展不动。

· 左侧骨盆旋转带动左侧大腿压向右侧，直到左侧腰部有牵拉感。

· 保持左侧肩膀紧贴垫子。

· 保持 10~30 秒，每组 5~6 次。

· 同法练习右侧，左右两侧交替进行。

· 每侧练习 3 组。

全身舒展

· 呼气，俯下身体，双手交叉。

· 吸气，起身的同时双手画一个最大的圆举至头顶。

· 全程动作匀速协调有控制。

· 35~45 次 / 分，重复 1 分钟。

拉伸

力量
训练

以下动作建议根据个人疲劳程度选择适合自己的运动量。

肩部肌群力量训练

肩关节上举力量训练

· 站姿或坐姿。

· 双手握重物（如哑铃、装满水的瓶子等）。

· 肘部伸直，双臂从身前上举过头顶。

· 慢慢回到开始的位置。

· 重复 8~12 次，练习 3~5 组。

肩关节侧平举力量训练

· 站姿或坐姿。

· 双手分别握重物（如哑铃、装满水的瓶子等）。

· 肘部伸直，双臂从两侧抬起直至与地面平行。

· 慢慢回到开始的位置。

· 重复 8~12 次，练习 3~5 组。

肩关节前屈力量训练

·可增强三角肌前部和喙肱肌力量。

·站立位，右脚踩弹力带的一端，右手握弹力带的另一端。

·右手拇指朝上，右臂前举 90° 至肩膀水平。

·注意是向正前方举臂。

·缓慢回位。每组 8~12 次。

·同法练习左侧，左右两侧交替进行。

·每侧练习 3~5 组。

·从阻力值最小的弹力带开始练习，练习一段时间适应后可换为阻力值略大的弹力带，逐渐提高阻力。

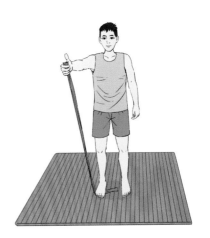

肩关节外展力量训练

·可增强三角肌中部和冈上肌力量。

·站立位，右脚踩弹力带的一端，右手握弹力带的另一端。

·拇指朝上，右臂前举 90° 至肩膀水平，然后水平面外展约 30° 。

·右臂保持在肩胛平面，即介于正前方和身体侧方之间。

·缓慢回位。每组 8~12 次。

·同法练习左侧，左右两侧交替进行。

·每侧练习 3~5 组。

·从阻力值最小的弹力带开始练习，练习一段时间适应后可换为阻力值略大的弹力带，逐渐提高阻力。

肩关节后伸力量训练

- 可增强三角肌后部力量。
- 弹力带固定在牢固的地方。
- 右侧上臂前屈 45° 左右，右手握紧弹力带后伸，保持肘关节屈曲。
- 缓慢回位。每组 8~12 次。
- 同法练习左侧，左右两侧交替进行。
- 每侧练习 3~5 组。
- 从阻力值最小的弹力带开始练习，练习一段时间适应后可换为阻力值略大的弹力带，逐渐提高阻力。

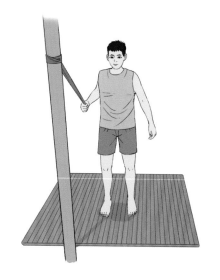

肩关节外旋力量训练

- 可增强冈下肌和小圆肌力量。
- 弹力带固定在牢固的地方。
- 站立位，右上臂抬至与肩同高或略低，右肘关节屈曲 90°。
- 右手握弹力带外旋 45°～90°。
- 缓慢回位。每组 8~12 次。
- 同法练习左侧，左右两侧交替进行。
- 每侧练习 3~5 组。
- 从阻力值取小的弹力带开始练习，练习一段时间适应后可换为阻力值略大的弹力带，逐渐提高阻力。

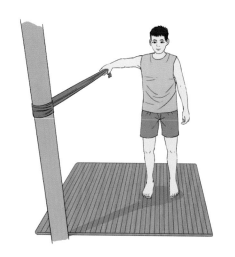

肩关节内旋力量训练

· 可增强肩胛下肌和大圆肌力量。

· 弹力带固定在牢固的地方。

· 站立位，右上臂抬至与肩同高或
略低，右肘关节屈曲 90°。

· 右手握弹力带内旋 90°~45°。

· 缓慢回位。每组 8~12 次。

· 同法练习左侧，左右两侧交换进
行。

· 练习 3~5 组。

· 从阻力值最小的弹力带开始练习，
练习一段时间适应后可换为阻力值略大
的弹力带，逐渐提高阻力。

肩胛骨前伸训练

· 可增强前锯肌力量。

· 平卧于垫上，弹力带一端压于右侧身下。

· 右肩关节外展 90°，右肘关节屈曲 90°。

· 右手握弹力带另一端朝向天花板的方
向伸展，并使肩胛骨离开垫子。

· 缓慢回位。每组 8~12 次。

· 同法练习左侧，左右两侧交替进行。

· 练习 3~5 组。

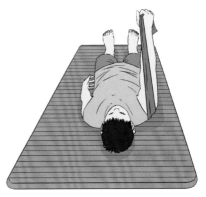

· 从阻力值最小的弹力带开始练习，练
习一段时间适应后可换为阻力值略大的弹力带，逐渐提高阻力。

肩胛骨内收力量训练

· 可增强菱形肌力量。

· 站立位，屈肘，双手握弹力带于胸前。

· 肩胛间区肌肉用力，使左右肩胛骨向中间靠近，双手外旋牵拉弹力带。

· 缓慢回位。

· 重复 10 次，练习 3~5 组。

· 从阻力值最小的弹力带开始练习，练习一段时间适应后可换为阻力值略大的弹力带，逐渐提高阻力。

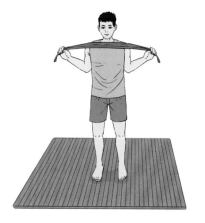

肘部肌群力量训练

肘部屈曲抗阻训练

· 站立位，弹力带中部踩于脚下。

· 肘关节伸直，双手抓住弹力带的两端。

· 肘关节对抗弹力带阻力屈曲，保持 3 秒。

· 慢慢回到开始的位置。

· 重复 10 次，练习 5~6 组。

· 注意：屈肘时，上臂一定要夹紧胸壁。

· 从阻力值最小的弹力带开始练习，练习一段时间适应后可换为阻力值略大的弹力带，逐渐提高阻力。

初级肘部伸展抗阻训练

· 弹力带固定在牢固的地方。

· 自然站立，手握弹力带的两端，肘关节屈曲。

· 慢慢对抗弹力带阻力伸直肘关节。

· 慢慢回到开始的位置。

· 每组 8~12 次，练习 3~5 组。

· 在伸肘末端时，速度不宜过快。

· 从阻力值最小的弹力带开始练习，练习一段时间适应后可换为阻力值略大的弹力带，逐渐提高阻力。

肘部旋后抗阻训练

· 坐姿。

· 弹力带的一端踩在右脚下，另一端握在右手中。

· 肘部中立位，前臂朝向身体的方向旋转。

· 前臂向后外侧旋转做旋后的动作。保持 3 秒。

· 慢慢回到开始的位置。每组 8 ~12 次。

· 同法练习左侧，左右两侧交替进行。

· 练习 3 ~5 组。

· 从阻力值最小的弹力带开始练习，练习一段时间适应后可换为阻力值略大的弹力带，逐渐提高阻力。

腕部肌群力量训练

腕关节屈曲抗阻训练

· 坐姿。

· 弹力带的一端踩在右脚下，另一端握在右手中。

· 腕部中立位，腕关节对抗弹力带阻力屈曲。保持 3 秒。

· 慢慢回到开始的位置。每组 8~12 次。

· 同法练习左侧，左右两侧交替进行。

· 练习 3~5 组。

· 从阻力值最小的弹力带开始练习，练习一段时间适应后可换为阻力值略大的弹力带，逐渐提高阻力。

臀部肌群力量训练

双桥运动

· 仰卧位。

· 双臂交叉放于胸前。

· 双腿分开与肩同宽，双膝屈曲，双脚撑地。

· 臀部抬起至大腿与身体呈一条直线。

· 缓慢回落。

· 每组 8~12 次，练习 3~5 组。

单桥运动

· 仰卧位。

· 双臂交叉放于胸前，双腿分开与肩同宽，双膝屈曲，双脚撑地。

· 右腿伸直抬起，然后臀部抬起至大腿与身体呈一条直线。

· 缓慢回落。

· 同法练习左侧，左右两侧交替进行。

· 每组 8~12 次，练习 3~5 组。

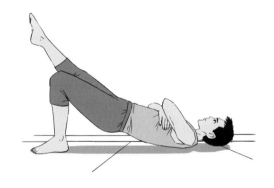

◦ 腰腹部肌群力量训练 ◦

对角线卷腹

·弹力带固定在牢固的地方。

·屈膝仰卧位，两手分开与肩同宽，分别抓住弹力带的一端，保持肘关节伸直。

·左侧肩关节抬离地面，向右侧膝关节方向旋转，利用卷腹拉动弹力带。

·慢慢收回。两侧交替进行。

·每组 8~12 次，每侧练习 3~5 组。

·从阻力值最小的弹力带开始练习，练习一段时间适应后可换为阻力值略大的弹力带，逐渐提高阻力。

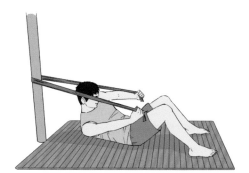

屈膝卷腹

·弹力带中部固定于面前牢固的地方。

·单膝跪在垫子上，双手分别握住弹力带的末端。

·向下卷腹，利用卷腹向下拉弹力带。

·慢慢回到开始的位置。

·每组 8~12 次，每侧练习 3~5 组。

·从阻力值最小的弹力带开始练习，练习一段时间适应后可换为阻力值略大的弹力带，逐渐提高阻力。

单腿屈髋屈膝卷腹

· 躺在瑜伽垫上，双手放置于腰部生理弯曲形成的凹陷处，一侧腿屈髋屈膝，脚平放在地面上。

· 腰部挤压手掌。呼气，腹肌发力，将胸部向髋的方向拉，在最高点稍作停留。

· 吸气，上身缓缓落回垫子。

· 全程呼吸均匀，动作匀速协调有控制。

· 每组 8~12 次。

· 双侧交替进行。

· 每侧练习 3~5 组。

反向屈髋卷腹

· 平躺在垫子上，双手放于身体两侧。屈膝屈髋，使双小腿平行于地面。

· 勾脚，保持双侧下肢并拢，运动时是一个整体。

· 用下腹的力量将臀部抬离
地面，然后下落至小腿平行于地
面。

· 卷腹时呼气，下落时吸气，
动作匀速协调有控制。

· 在整个卷腹中膝和踝维持
初始姿势，只做髋关节的屈曲。

· 整个动作中腰部始终紧贴
地面，不应出现紧张感。

· 每组 8~12 次，练习 3~5 组。

初级侧拉

· 可增强背阔肌的力量。

· 站立位，双足分开与肩同宽，弹力带的一端用右脚踩住，另一端用右
手握住。

· 身体向左侧倾斜，牵拉弹力带，右肘关节保持伸直。

· 双侧交替进行。

· 每组 8~12 次，每侧练习 3~5 组。

· 从阻力值最小的弹力带开始练习，练习一段时间适应后可换为阻力值
略大的弹力带，逐渐提高阻力。

坐位背拉

·坐在垫子上，将弹力带的中部固定在双足处，双手在胸部水平抓住弹力带的两端，弹力带处于松弛位置。

·身体后倾，向后牵拉弹力带。注意保持腰部挺直。

·慢慢回到开始的位置。

·每组 8~12 次，练习 3~5 组。

·从阻力值最小的弹力带开始练习，练习一段时间适应后可换为阻力值略大的弹力带，逐渐提高阻力。

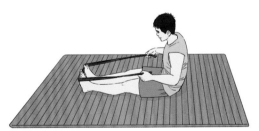

站位背拉

· 站立冲刺位，左脚前脚掌踩住弹力带中部，双手分别抓住弹力带末端。

· 保持肘关节屈曲及双手位于胸前方。

· 保持肘关节和手腕稳定的同时伸髋挺背。

· 慢慢回到开始的位置。

· 双侧交替进行。

· 每组 8~12 次，每侧练习 3~5 组。

· 从阻力值最小的弹力带开始练习，练习一段时间适应后可换为阻力值略大的弹力带，逐渐提高阻力。

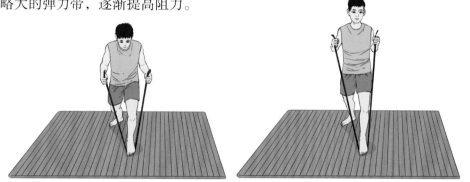

侧桥运动

· 侧卧在垫子上，双手各抓住弹力带的一端，右肘关节于肩关节下方屈曲，支撑身体。

· 保持膝关节和后背挺直，将髋部抬离地面直至肩关节和髋关节平行。

· 当左上肢稳定时随即对抗弹力带阻力伸展。

· 慢慢回到开始的位置。

· 双侧交替进行。

· 每组 8~12 次，每侧练习 3~5 组。

· 从阻力值最小的弹力带开始练习，练习一段时间适应后可换为阻力略大的弹力带，逐渐提高阻力。

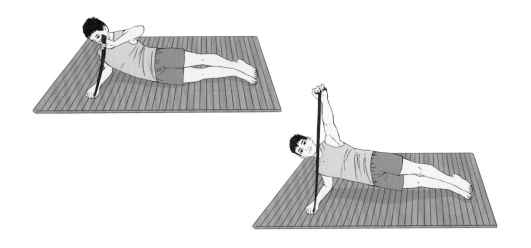

四点稳定训练

·四点跪位，弹力带中部缠绕双侧足底，双手固定弹力带的两端。

·保持后背和脊柱挺直，向后抵抗弹力带阻力伸左腿，向前抵抗弹力带阻力伸右臂，直到与地面平行，保持髋关节与膝关节伸直。

·两侧交替进行。

·每组 8~12 次，每侧练习 3~5 组。

·从阻力值最小的弹力带开始练习，练习一段时间适应后可换为阻力值略大的弹力带，逐渐提高阻力。

膝部肌群力量训练

屈膝肌群力量训练

· 弹力带的一端固定在牢固的物体上，另一端固定在脚踝处。

· 面朝固定点坐在凳子上。

· 先伸直膝关节，然后弯曲膝关节。

· 慢慢回到开始的位置。

· 双腿交替进行。

· 注意整个过程不要弯腰，腹部收紧。

· 每组 8~12 次，每侧练习 3~5 组。

· 注意：平衡较差者，可以手扶拐杖、栏杆等保持稳定，防止摔跤。在骨折固定不稳或骨折未处理时，不宜做此动作，且在做此动作时，要循序渐进，遵循肌肉力量训练原则。

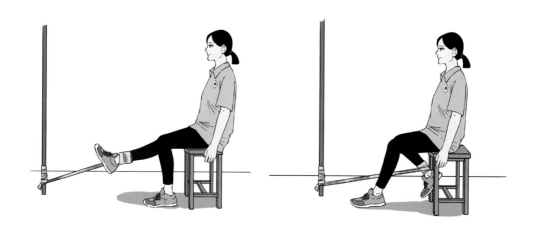

伸膝肌群力量训练

· 弹力带的一端固定在牢固的物体上，另一端固定在脚踝处。

· 坐在凳子上。

· 先弯曲膝关节，然后伸直膝关节。

· 慢慢回到开始的位置。

· 双腿交替进行。

· 注意整个过程不要弯腰，腹部收紧。

· 每组 8~12 次，每侧练习 3~5 组。

终末端伸膝肌群力量训练

· 弹力带固定牢固，绕在大腿的下端。

· 站立位，微屈膝，感觉弹力带拉紧。

· 膝盖轻轻地后伸拉动弹力带，让膝关节完全伸直。

· 慢慢回到开始的位置。

· 双腿交替进行。

· 注意整个过程不要弯腰，不要让膝关节过伸，腹部收紧。

· 每组 8~12 次，每侧练习 3~5 组。

○ 踝部肌群力量训练 ○

踝背屈力量训练

· 锻炼踝关节的肌肉，促进下肢血液回流。

· 坐在瑜伽垫上，弹力带一端绕在两脚中部，另一端固定在牢固的地方。

· 脚踝中立位，双脚脚背朝向身体的方向用力勾，然后慢慢回到开始的位置。

· 整个过程尽量不要动用膝关节周围肌肉，不弯腰，腹部收紧。

· 每组 8~12 次，练习 3~5 组。

踝跖屈力量训练

· 坐在瑜伽垫上，弹力带中段绕在两脚的中部，双手分别抓住弹力带的末端。

· 脚掌用力下压。

· 轻轻回到开始的位置。

· 整个过程尽量不要动用膝关节周围肌肉，不弯腰，腹部收紧。

· 每组 8~12 次，练习 3~5 组。

核心肌群力量训练

对墙俯卧撑

· 距离墙壁一定距离，面对墙站立。

· 双手抬起与肩平齐，手掌平放在墙壁上。

· 收紧腰腹，屈肘，身体向墙壁下压。

· 保持肩胛稳定，伸肘，双手推墙，向后撑起身体。

· 每组 8~12 次，练习 3~5 组。

俯卧撑

· 俯卧。

· 双臂伸直分开比肩略宽，双手撑于胸部两侧。

· 双腿伸直，前脚掌撑地。

· 收紧腰腹，屈肘，保持肩胛稳定。

· 伸肘，双手推地，向上撑起身体。

· 每组 8~12 次，练习 3~5 组。

跪姿爆发俯卧撑

· 俯卧在垫子上，屈曲膝关节，双脚交叉。

· 双手分开比肩略宽，撑于胸部两侧。

· 用膝关节上方和双手支撑身体。腰背挺直，头、躯干、髋、膝在一条直线上。

· 屈臂俯身至肘关节略高于躯干，用爆发力将身体推起，双手腾空离开地面。

· 每组 8~12 次，练习 3~5 组。

平板支撑

· 俯卧位。

· 双臂分开与肩同宽，屈肘放在垫子上。

· 双腿伸直，前脚掌撑地。

· 将身体撑离地面，保持头、肩、髋、膝、踝呈一条直线。

· 逐渐增加动作保持的时间。

平板支撑交替抬腿

· 屈肘，小臂与前脚掌撑地。保持头、肩、背、臀、膝、踝呈一条直线。

· 保持上身姿势稳定不变的情况下，双腿交替向上抬高至最高点。

· 动作过程中双腿完全伸直。

· 动作迅速协调有控制。

· 每组 8~12 次，练习 3~5 组。

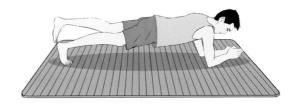

侧平板支撑

· 左侧卧位。

· 左侧前臂屈曲撑地，右侧手臂向上伸展并与肩平齐。

· 双腿并拢，全身收紧，保持身体呈一条直线。

· 逐渐增加动作保持的时间。

· 同法练习右侧。

仰卧抬腿

· 仰卧位。

· 双手置于身体两侧或放在腰下。

· 双腿伸直同时抬起，腰部下压。

· 逐渐增加动作保持的时间。

初级瑜伽球双桥运动

· 仰卧于瑜伽垫上，双臂放在身体两侧，放松。

· 脚和小腿放在瑜伽球上。

· 通过收紧臀部肌肉来抬高骨盆，使身体从肩到脚呈一条直线。

· 保持脊柱中立对齐，不要出现腰背部弯曲。

· 每组 8~12 次，练习 3~5 组。

中级瑜伽球双桥运动

· 仰卧于瑜伽垫上，双臂放在身体两侧，放松。

· 脚和小腿放在瑜伽球上。

· 使用臀部和腿部肌肉，从垫子上抬高骨盆。

· 保持这个体位，用脚把球慢慢移向臀部。

· 慢慢地回到直腿的位置，仍然保持骨盆离开地面。

· 保持脊柱中立对齐，不要出现腰背部弯曲。

· 每组 8~12 次，练习 3~5 组。

初级反桥运动

· 把瑜伽球放在肩膀下，脚平放在地板上，双脚分开与肩同宽。

· 膝、髋关节屈曲 90°，收紧腹部肌肉并保持脊柱中立对齐。

· 每组 8~12 次，练习 3~5 组。

中级反桥运动

·瑜伽球位于肩膀之下，背部平躺在瑜伽球上，膝关节屈曲 90°，双脚分开与肩同宽。

·下腹部肌肉收紧，右髋关节屈曲 90°。

·膝、髋关节屈曲 90° 保持 10 秒。

·伸展髋关节，脚落至地面。

·左腿重复同样的动作。

·在训练过程中，腰背部不要塌陷或弓起。

·双侧交替进行，每组 8~12 次，每侧练习 3~5 组。

高级反桥运动

·瑜伽球位于肩膀之下，背部平躺在瑜伽球上，膝关节屈曲 90°，双脚分开与肩同宽。

·下腹部肌肉收紧，左腿抬起离开垫子，保持腿部伸直 10 秒。

·屈膝，脚落至垫子。

·右腿重复同样的动作。

·腰背部不要塌陷或弓起，尽可能保持瑜伽球不动。

·双侧交替进行，每组 8~12 次，每侧练习 3~5 组。

下肢肌群力量训练

跪姿后抬腿

· 双手双膝着地。

· 双膝分开与髋同宽，双手分开与肩同宽，保持脊柱稳定。

· 左腿伸直向上抬。

· 缓慢回落。

· 右腿重复同样的动作，双腿交替练习。

· 每组 8~12 次，每侧练习 3~5 组。

靠墙静蹲

· 站姿。

· 背部贴墙，双臂交叉放于胸前。

· 双腿分开与肩同宽，缓慢下蹲至大腿与地面平行。

· 逐渐增加动作保持的时间。

提踵

· 站姿。

· 手扶牢固的物体。

· 踮脚，脚跟抬至最高处后缓慢下落。

· 每组 8~12 次，练习 3~5 组。

简单肌力训练

不能耐受以上力量训练者可先进行简单的肌力训练。以下动作建议每组5~10次，每天3组，根据个人疲劳程度选择适合自己的运动量。

踝泵训练

· 平卧在床上或瑜伽垫上。

· 大腿放松。

· 脚踝最大限度地上勾、下压。

· 在最大位置保持10秒。

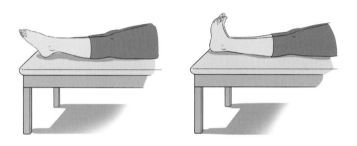

伸膝肌群训练

· 坐在床上或椅子上，双腿垂于床边或椅子边。

· 伸左膝，小腿上抬。

· 保持10秒，缓慢回落。

· 右腿重复同样的动作。

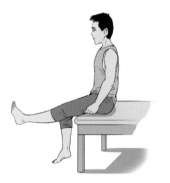

屈膝肌群训练

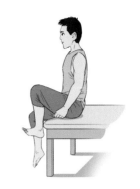

· 坐在床上或椅子上，双腿垂于床边或椅子边。

· 屈左膝，同时小腿下压。

· 保持 10 秒，缓慢回落。

· 右腿重复同样的动作。

颈后肌群训练

· 仰卧在瑜伽垫上。

· 下巴内收，头部用力下压。

· 保持 10 秒。

有氧
运动

有氧运动建议每天锻炼 20~30 分钟，可分次锻炼。根据个人疲劳程度选择适合自己的运动量。

勾腿跳

· 站姿开始。

· 背部挺直，双手背在身后，放于两侧臀部。

· 保持身体稳定，交替向后屈膝跳跃。

· 脚跟轻击双手。

高抬腿交替跳

· 站姿开始。

· 收紧腰腹，前脚掌着地快速交替抬腿跳，随着抬腿节奏摆臂。

· 保持背部挺直。

交替箭步蹲跳

· 躯干与地面垂直，一腿在前，另一腿在后，双腿下蹲至双膝屈曲 90°。

· 起始和运动过程中后侧腿膝关节不接触地面。

· 双手用力上摆帮助身体起跳，在空中迅速交换前后腿，落地下蹲至双膝关节屈曲 90°。

· 双侧交替为一组。

· 起跳时呼气，下落时吸气。

开合跳

· 站姿开始，收紧腰腹，手臂用力绷紧。

· 用肩部力量抬臂，背部力量下压手臂，用手臂带动身体的跳跃。

· 双脚开合跳跃，小腿尽可能放松，目视前方，不出现仰头、低头情况。

· 手臂上抬时吸气，下落时呼气。整个动作匀速有控制。

"大"字跳

· 两脚分开与肩同宽，保持身体直立，收紧腰腹。

· 维持躯干姿势，下蹲，手臂内收交叉于两腿之间。

· 向上爆发跳起，同时打开腿部和手臂成"大"字。

· 下蹲时吸气，跳起时呼气。

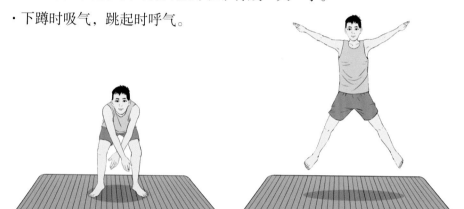

摸地蹲跳抬臂

· 站姿，挺直腰背，双脚分开略宽于肩，手臂自然下垂放于两腿间。

· 下蹲时手掌摸地，跳起一瞬间双肩前屈做向前、向上推的动作。

· 下蹲时吸气，跳起呼气。

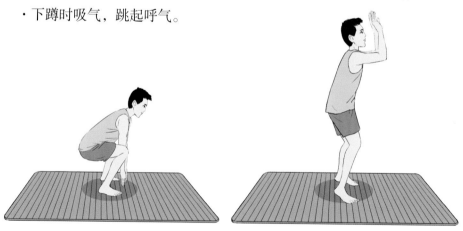

波比跳

· 站姿，双脚分开与肩同宽。俯身下蹲，双手撑地与肩同宽，同时双腿向后跳跃伸直；屈肘，手掌与前脚掌撑地。

· 双手先推起上半身，再将双腿快速向腹部收回。

· 起身跳跃，双手在头上击掌后迅速俯身下蹲。

· 整个动作中没有站立过程，尽力向高处跳。

· 呼吸均匀，不要憋气。

俯身跨步登山

· 俯卧位。

· 双臂伸直，分开与肩同宽；双腿伸直，分开与髋同宽；勾脚，前脚掌撑地。

· 收紧腰腹，尽量保持背部与地面平行，双腿交替朝向胸部屈膝向前迈步。

空中蹬车

· 仰卧位。

· 臀部稍微抬起，像蹬自行车一样，双腿交替屈伸，腰部紧贴垫子。

· 保持腿部悬空，不要落在垫子上。

蹲起

· 站姿。

· 腰背挺直，双脚分开与髋同宽。

· 下蹲，双膝与脚尖方向一致，双臂向前平举，臀部向后下移动。

· 注意膝盖不要超过脚尖。

半蹲左右移动

· 腰背挺直，双腿微屈，膝关节和脚尖方向一致，不出现膝关节内扣现象，重心压低，双手相握，屈肘放于胸前。

· 保持半蹲姿势向右侧横向行走一步，再向左走一步，交替往复。左右交替为一组。

· 整个动作中保持呼吸均匀，核心收紧，骨盆不出现倾斜。

· 在维持动作的情况下加快速度。

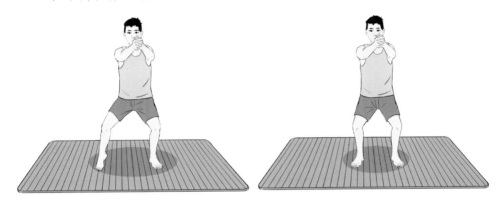

高强度
间歇训练

（HIIT）

高强度间歇训练（HIIT）是一种需要达到一定强度的运动。只要步行速度快速达到足够强度，再减速至低强度，反复数次，走路也可以成为一种HIIT训练。大家日常常用的HIIT训练动作包括一些低强度的拉伸和一些高强度的运动，采用1：1的间隔训练。在低强度和高强度中各选择4~5个动作，每个动作1分钟，高强度与低强度循环训练约20分钟即可。以下针对不同能力的人群提供了3个等级的HIIT训练，这3个等级也可以作为同一人的HIIT进阶和退阶训练。

初级

动作 1~10 按顺序进行锻炼，重复 2 遍。

顺序	动作图片	动作名称	每组重复次数 / 每组保持时间	锻炼 时长	页码
1		全身舒展	35~45 次 / 分	1 分钟	25
2		开合跳	35~45 次 / 分	1 分钟	59
3		臀部动态拉伸	10~15 次 / 分	1 分钟	21
4		高抬腿交替跳	20~30 次 / 分	1 分钟	58
5		俯身大腿后侧拉伸	3~6 次 / 分	1 分钟	20
6		平板支撑	保持 1 分钟	1 分钟	48
7		大腿前侧拉伸	3~6 次 / 分	1 分钟	19
8		勾腿跳	20~30 次 / 分	1 分钟	58
9		大腿内侧动态拉伸	5~10 次 / 分	1 分钟	19
10		单腿屈髋屈膝卷腹	20~30 次 / 分	1 分钟	39

中级

按顺序进行锻炼，重复 2 遍。

顺序	动作图片	动作名称	每组重复次数 / 每组保持时间	锻炼 时长	页码
1		全身舒展	35~45 次 / 分	1 分钟	25
2		交替箭步蹲跳	15~25 次 / 分	1 分钟	59
3		屈臂肩关节环绕	35~45 次 / 分	1 分钟	18
4		"大"字跳	25~40 次 / 分	1 分钟	60
5		手臂环绕	35~45 次 / 分	1 分钟	18
6		平板支撑交替抬腿	10~15 次 / 分	1 分钟	49
7		大腿内侧动态拉伸	5~10 次 / 分	1 分钟	19
8		半蹲左右移动	15~25 次 / 分	1 分钟	63
9		大腿前侧拉伸	3~6 次 / 分	1 分钟	19
10		开合跳	35~45 次 / 分	1 分钟	59

高强度间歇训练（HIIT）

高级

按顺序进行锻炼，重复 2 遍。

顺序	动作图片	动作名称	每组重复次数 / 每组保持时间	锻炼 时长	页码
1		全身舒展	35~45 次 / 分	1 分钟	25
2		跪姿爆发俯卧撑	25~35 个 / 分	1 分钟	48
3		俯身大腿后侧拉伸	3~6 次 / 分	1 分钟	20
4		波比跳	20~30 次 / 分	1 分钟	61
5		大腿前侧拉伸	3~6 次 / 分	1 分钟	19
6		反向屈髋卷腹	20~30 次 / 分	1 分钟	40
7		手臂环绕	35~45 次 / 分	1 分钟	18
8		平板支撑	保持 1 分钟	1 分钟	48
9		屈臂肩关节环绕	35~45 次 / 分	1 分钟	18
10		摸地蹲跳抬臂	25~35 次 / 分	1 分钟	60

小器械训练

使用小器械练习时，应注意安全，依个人情况从重量轻的小器械开始练习。

棒铃操热身运动

　　热身时先从较轻的棒铃开始练习，逐渐增加重量。训练过程中注意膝关节和肩胛骨安全。如身体出现不适，请立即停止练习。

原地踏步

·站姿，全身放松。

·两臂前后自然摆动，大腿带动小腿原地踏步。

·重复8个8拍。

半蹲摆铃

·站姿，双手紧握棒铃。

·身体半蹲，双臂由身体前侧向后摆动至臀后。

·起身，双臂由身体后侧向前摆动至颈后。

·重复8个8拍。

弓步摆动

· 双腿前后分开站立，双手紧握棒铃。

· 弓步下蹲，前侧支撑腿对侧手臂带动棒铃前摆，同侧手臂带动棒铃后摆。

· 起立，对侧手臂带动棒铃后摆，同侧手臂带动棒铃前摆。

· 重复 8 个 8 拍。

转体回环

· 双脚虚步站位，转体时双臂带动棒铃自然摆动，棒铃甩动幅度逐渐增大。

· 重复 8 个 8 拍。

单肩环转

* 外回环

· 站姿，双腿分开略宽于肩。

· 一只手反握棒铃置于腰间，另一只手由内而外摆动棒铃至颈后部，然后转体抽出朝身体另一侧挥去，并依靠棒铃的惯性回到原位。

· 左右交替练习，重复 8 个 8 拍。

* 内回环

· 站姿，双腿分开略宽于肩。

· 一只手反握棒铃置于腰间，另一只手由外而内摆动棒铃至颈后部，然后转体抽出朝身体另一侧挥去，并依靠棒铃的惯性回到原位。

· 左右交替练习，重复8个8拍。

双肩环转

· 站姿，双腿分开略宽于肩。

· 双手由内而外摆动棒铃至颈后部，然后转体抽出朝身体另一侧挥去，并依靠棒铃的惯性回到原位。

· 重复8个8拍。

其他小器械训练

肩部哑铃运动

* 仰卧上举

· 平躺在垫子上，双腿屈曲并分开略宽于肩。

· 双手握哑铃，向头侧摆动至最大幅度，然后回到胸前上方位置。

· 向后摆动时吸气，回位时呼气。

· 每组 15~20 次，练习 3~5 组。

· 动作中注意保持肩胛骨稳定，负荷循序渐进，避免肩关节损伤。

* 墙壁天使

· 站姿，背部贴近墙壁，双腿分开略宽于肩。

· 双手握哑铃，双臂上举，掌心向前。然后双臂下滑，屈肩屈肘 90° 。

· 双臂上下滑动时，保持肩胛骨后缩。

· 双臂向上时吸气，向下时呼气。

· 每组 15~20 次，练习 3~5 组。

· 不要耸肩，负荷循序渐进，避免肩关节损伤。

* 提铃飞鸟

· 站姿，双腿分开略宽于肩。

· 双手上提哑铃于胸前，然后回到体侧。

· 提铃时吸气，回位时呼气。

· 每组 15~20 次，练习 3~5 组。

· 不要耸肩，负荷循序渐进，避免肩关节损伤。

* 哑铃前举

· 站姿，双腿分开略宽于肩。

· 双手握哑铃直臂前举至胸前水平位，然后回到体侧。

· 前举时吸气，回位时呼气。

· 每组 15~20 次，练习 3~5 组。

· 不要耸肩，负荷循序渐进，避免肩关节损伤。

* 弓步后摆

· 站姿，一腿向前弓步。

· 双手紧握哑铃，双臂后摆至最大幅度，然后回位至自然下垂。

· 后摆时吸气，回位时呼气。

· 每组 15~20 次，练习 3~5 组。

· 双腿交替练习。

· 不要耸肩，保持弓步姿态稳定，负荷循序渐进，避免肩关节损伤。

肩部滑板运动

* 跪姿前滑

· 跪姿，双侧手臂交替前滑至最大幅度，然后回位。

· 前滑时呼气，回位时吸气。

· 每组 15~20 次，练习 3~5 组。

· 肩胛骨保持稳定。

* 俯卧滑撑

· 四点跪姿，小腿发力蹬伸至躯干和大腿呈一条线，双手向前向外滑动至耳侧，然后回位。

· 前滑时呼气，回位时吸气。

· 每组 15~20 次，练习 3~5 组。

· 肩胛骨保持稳定。

* 仰卧滑撑

· 坐姿，双手向斜后方滑动，然后回位。

· 后滑时呼气，回位时吸气。

· 每组 15~20 次，练习 3~5 组。

· 肩胛骨保持稳定。

躯干壶铃运动

* 俄罗斯转体

· 坐位，双手持壶铃于胸前，下背挺直，身体微后仰，膝关节自然屈曲，双脚离地，小腿与地面平行。

· 转动双肩带动壶铃运动。

· 目光跟随壶铃移动。

· 转身时呼气，身体转正时吸气。

· 每组 15~20 次，练习 3~5 组。

· 下肢保持稳定。

* 负重卷腹

· 仰卧在垫子上，双手持壶铃于胸前，膝关节自然屈曲，双脚跟置于地面。

· 卷腹，双脚碰触壶铃，然后回位。

· 卷腹时吸气，伸展时呼气。

· 每组 15~20 次，练习 3~5 组。

· 上臂保持稳定，壶铃重量适度。

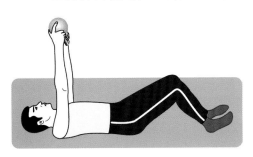

* 臀桥

·仰卧在垫子上，双手持壶铃于腹前。膝关节自然屈曲，双脚分开略宽于肩，双脚置于地面。

·足跟向下发力，将臀部抬起至大腿与身体呈一条直线，然后回位。

·臀部抬起时呼气，下落时吸气。

·每组 15~20 次，练习 3~5 组。

·注意不要过度使用腰部发力，过程中保持双膝关节稳定。负荷适中，如有不适，立即停止。

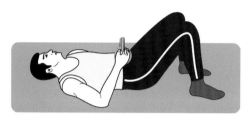 

下肢滑板运动

* 俯撑后滑

·四点跪姿，双手与双脚等宽。

·膝关节离开地面，保持小腿和地面平行。

·双下肢交替前屈、后伸至最大幅度。

·一侧屈膝时吸气，伸膝时呼气。

·每组 15~20 次，练习 3~5 组。

·肩部和躯干保持稳定支撑。

* 背桥屈膝

· 仰卧位在垫子上，双手放于髋部两侧，双脚置于滑板上方。

· 膝关节屈曲，髋部向上抬至大腿与躯干呈一条线，然后回位。

· 抬髋时吸气，回位时呼气。

· 每组 15~20 次，练习 3~5 组。

· 保持下肢稳定，防止出现下肢外翻。

* 侧滑步

· 两脚分开站立，双手自然下垂。

· 一侧脚置于滑板上方，另一侧脚支撑。

· 侧向滑动下蹲，手臂自然摆动，然后回位。

· 滑出时呼气，回位时吸气。

· 每组 15~20 次，每侧练习 3~5 组。

· 保持支撑腿膝关节不要超过脚尖，保持身体平直。

* 弓步后滑

·双手自然下垂，保持身体直立，眼睛平视前方。

·一侧脚支撑。另一侧脚置于滑板上方，向后滑出同时下蹲，手臂自然摆动，然后回位。

·滑出时呼气，回位时吸气。

·每组 15~20 次，每侧练习 3~5 组。

·下蹲时支撑腿膝关节不要超过脚尖，保持躯干竖直。

下肢壶铃运动

* 弓箭步蹲起

·双手持壶铃自然下垂，眼睛平视前方。

·躯干保持直立，弓步支撑下蹲，然后回位。

·下蹲时呼气，回位时吸气。

·每组 15~20 次，每侧练习 3~5 组。

·下蹲时前侧支撑腿膝关节不要超过脚尖，保持身体竖直。

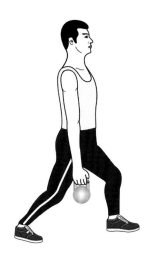

* 负重半蹲

· 双手持壶铃于体前，双脚分开与肩同宽，保持身体直立。

· 屈膝屈髋向下半蹲，然后回位。

· 下蹲时呼气，回位时吸气。

· 每组 15~20 次，练习 3~5 组。

· 下蹲时膝关节不要超过脚尖，保持身体平直。

小器械训练

下肢弹力带运动

* 侧滑步

· 双脚分开与肩同宽, 双臂自然下垂, 环形弹力带置于膝关节上方, 保持身体直立。

· 双手置于胸前, 双侧下肢交替侧向滑步, 然后回位。

· 滑步时呼气, 回位时吸气。

· 每组 15~20 次, 练习 3~5 组。

· 支撑腿膝关节不要超过脚尖, 保持躯干竖直。

* 深蹲起

· 双脚分开与肩同宽, 双臂自然下垂, 环形弹力带置于膝关节上方, 保持身体直立。

· 动作开始时, 双手置于腰部, 屈膝屈髋向下蹲, 然后回位。

· 下蹲时呼气, 回位时吸气。

· 每组 15~20 次, 练习 3~5 组。

· 下蹲时膝关节不要超过脚尖, 保持躯干竖直。

* 蚌式开髋

·侧卧位，膝关节自然屈曲，环形弹力带置于膝关节上方，双脚保持与躯干一条线。

·双膝关节打开至最大，然后回位。

·打开时吸气，回位时呼气。

·每组 15~20 次，每侧练习 3~5 组。

·保持髋部稳定，躯干平直。

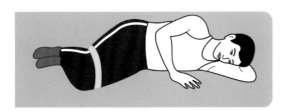

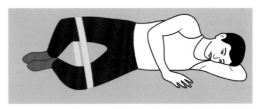

全身壶铃运动

* 壶铃单摆

· 半蹲，一手持壶铃于胯下，保持躯干平直。

· 双脚蹬地，壶铃和对侧手臂前摆动至头上方，然后下蹲回摆。

· 上摆时吸气，下摆时呼气。

· 每组 15~20 次，每侧练习 3~5 组。

· 下蹲时膝关节不要超过脚尖，保持躯干平直。

* 壶铃双摆

· 半蹲，双手持壶铃于胯下，保持躯干平直。

· 脚步发力蹬起，壶铃前摆至头部上方，然后回摆至胯下。

· 上摆时吸气，下摆时呼气。

· 每组 15~20 次，练习 3~5 组。

· 下蹲时膝关节不要超过脚尖，保持躯干平直。

小器械训练　87

＊土耳其起立

·仰卧位躺在地上，右手持壶铃，右臂向上伸直锁定。肩部保持紧张。

·屈右腿，右脚跨过左膝。右脚蹬地，翻身，以左髋为支撑，上体继续移动，左肘触地。

·以左手支撑身体。

·以左手和右腿支撑身体，身体继续上移进而离地，左腿后移，左膝跪地，右臂仍然在头部上方锁定。

·左手离开地面，下肢呈弓步。

·深呼吸，绷紧肌肉，双下肢发力，由弓步起立。

·把以上步骤颠倒过来，侧卧到地上，如此完成一次循环，然后换对侧进行练习。

·做下一动作时呼气。

·每组 8~10 次，每侧 1 组。

·注意：①眼睛始终盯着壶铃，肩关节和手腕保持稳定。②壶铃负荷不要过大，每次做出下一步动作之前都要在心里明确动作。③注意周围环境安全，随时做好抛掉壶铃准备。

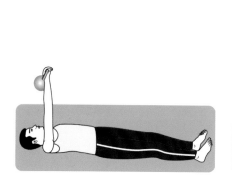

放松运动

泡沫轴放松运动

* 背部放松

· 坐位下屈膝屈髋，手持泡沫轴置于背部。

· 双手五指交叉置于头后部，双臂收紧。

· 身体后倒，髋部自然抬起，头部放松。

· 双脚发力蹬伸，使泡沫轴在背部上下滚动。

· 蹬伸时吸气，回位时呼气。

· 每组 15~20 次，练习 2~3 组。

· 保持头部放松，切忌滚动至腰部。

* 大腿前群放松

· 俯卧位，一侧下肢屈膝屈髋；另一侧大腿伸直，泡沫轴置于其前侧。

· 双手抱拳，肘部支撑。

· 双臂和一侧腿协同发力，泡沫轴在另一侧大腿前侧上下滚动。

· 蹬伸时呼气，回位时吸气。

· 每组 15~20 次，每侧练习 2~3 组。

· 保持肩关节稳定。

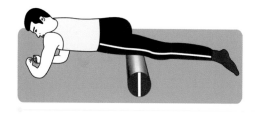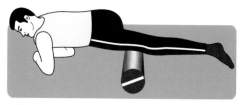

* 大腿后群放松

· 坐位，一侧下肢屈膝屈髋；另一侧大腿伸直，泡沫轴置于其下方。

· 双手置于身体后侧支撑地面。

· 双臂和一侧腿协同发力，泡沫轴在另一侧大腿后侧上下滚动。

· 蹬伸时呼气，回位时吸气。

· 每组 15~20 次，每侧练习 2~3 组。

· 保持肩关节稳定。

* 大腿侧面放松

· 侧卧位，手撑地，同侧下肢伸直置于泡沫轴上，另一侧下肢屈膝屈髋，脚支撑。

· 支撑手臂和脚协同发力，泡沫轴在大腿外侧上下滚动。

· 蹬伸时呼气，回位时吸气。

· 每组 15~20 次，每侧练习 2~3 组。

· 保持肩关节稳定。

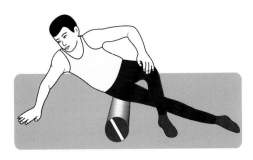 

* 小腿放松

· 坐位，一侧下肢屈膝屈髋；另一侧下肢伸直，泡沫轴置于其小腿下方。

· 双手置于身体后侧支撑地面。

· 双手和一侧腿协同发力，泡沫轴在另一侧小腿后侧上下滚动。

· 蹬伸时呼气，回位时吸气。

· 每组 15~20 次，每侧练习 2~3 组。

· 保持肩关节稳定。动作要缓慢舒适。

筋膜球放松运动

* 肩背部筋膜放松

· 仰卧位，屈膝屈髋，双手置于身体两侧。

· 筋膜球置于一侧肩胛骨内上方。

· 一侧手臂向头侧伸展，然后回位。

· 每组 15~20 次，每侧练习 2~3 组。

· 保持下颌微收。

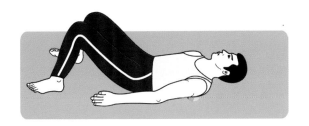

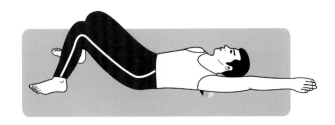

* 臀部筋膜放松

· 坐位，一侧下肢屈膝屈髋，另一侧下肢置于其上。

· 筋膜球置于一侧臀部下方，双手置于身体后侧。双臂和支撑腿协同发力。

· 也可一腿伸直，另一腿屈曲并跨过伸直腿膝关节，脚放在垫子上。一手支撑，另一手放在屈曲腿膝关节处。支撑肢体协同发力。

· 筋膜球在臀部下方来回滚动。

· 每组 15~20 次，每侧练习 2~3 组。

· 保持肩关节稳定。

* 足底筋膜放松

· 站姿，筋膜球置于一侧足前内侧。筋膜球由足前内侧顺着横弓向前外侧滚动，然后回位。

· 筋膜球由足前内侧顺着内侧足弓向后滚动，然后回位。

· 每组 15~20 次，每侧练习 2~3 组。

· 用力不要过大，以微痛感为宜。

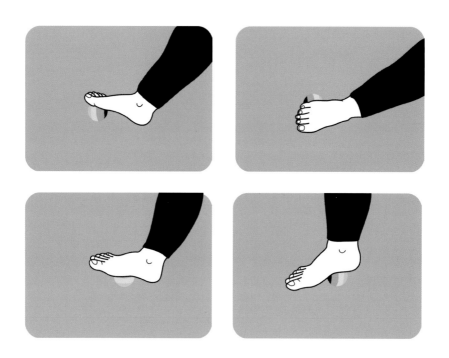

居家
健身舞蹈

形体训练

站姿训练

· 身体直立，保持头部、躯干及双腿在一条直线上。

· 双腿并拢，两脚跟靠拢，两脚尖分开呈 20° 左右夹角。

· 挺胸收腹，腰部及臀部收紧，颈部挺直，目视前方，双肘自然弯曲下伸，双手自然置于体侧。

· 每次站立 15~20 分钟，每日 2~3 次。

· 训练中如出现不适，请立刻停止训练，及时休息。

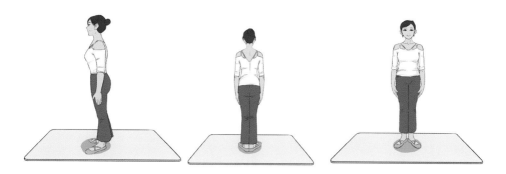

绷脚坐姿

· 身体躯干与双腿呈 90°，双腿并拢，脚背用力往下压，侧面观脚尖、双膝、双髋呈一条直线。

· 躯干挺直，挺胸收腹，核心收紧，头颈向上延伸，侧面观头、耳、肩、髋呈一条直线；后面观双肩齐平，头部自然摆正，双手以手指尖触地放于身体两侧。

· 每日 5~8 组，每组 3~5 次，每次 20~30 秒。

· 训练中如出现不适，请立刻停止训练，及时休息。

跪位压脚背

· 跪姿，脚背贴于地面，上身重心后移，保持腰背挺直。

· 双膝离地，双手自然放于膝上。

· 每日 5~8 组，每组 3~5 次，每次 20~30 秒。

· 训练中如出现不适，请立刻停止训练，及时休息。

直膝压脚背

· 脚背着地，伸膝、绷踝，双手扶软踏支撑，胸背挺直，脚背及小腿前侧有牵拉感。

· 每日 5~8 组，每组 3~5 次，每次 20~30 秒。

· 训练中如出现不适，请立刻停止训练，及时休息。

居家健身舞蹈

勾脚坐姿

· 躯干与双腿呈 90°，双腿并拢，脚腕用力回勾，踝关节要尽力回勾到极限。侧面观，双脚掌垂直于地面，脚跟、双膝、双髋呈一条直线。

· 躯干挺直，挺胸收腹，核心收紧，头颈向上延伸，侧面观头、耳、肩、髋呈一条直线；后面观双肩齐平，头部自然摆正，双手以手指尖触地放于身体两侧。

· 每日 5~8 组，每组 3~5 次，每次 20~30 秒。

· 训练中如出现不适，请立刻停止训练，及时休息。

跪坐压脚趾

· 跪位，脚趾及双膝着地，胸背挺直，双手自然放于膝上，脚趾与脚底垂直。

· 每日 5~8 组，每组 3~5 次，每次 20~30 秒。

· 训练中如出现不适，请立刻停止训练，及时休息。

直膝压脚趾

· 脚趾着地，伸膝、绷踝，双手支撑软踏，胸背挺直，足底及脚趾有牵拉感。

· 每日 5~8 组，每组 3~5 次，每次 20~30 秒。

· 训练中出现不适，请立刻停止训练，及时休息。

日常坐姿脚部练习

日常坐姿
脚部练习

· 坐姿，双腿并拢。绷脚，保持。

· 脚尖回勾 45°，保持。然后脚尖回勾 90°，保持。

· 还原时脚背绷直 45°，保持。最后脚背完全绷直。

· 每日 8~10 组，每组 5~8 次。

· 训练中如出现不适，请立刻停止训练，及时休息。

盘腿坐姿

· 双腿盘于体前，调整重心于双臀。

· 躯干直立，双肩放松并在一条直线上。

· 肋骨上提，腹部收紧，头部自然摆正，肘关节自然屈曲，双腕放于双膝或背于身后。

· 每次 5~10 分钟，每日 2~3 次。

· 训练中如出现不适，请立刻停止训练，及时休息。

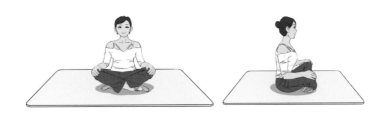

对脚坐姿

· 两脚心相对放于体前，调整重心于双臀。

· 躯干直立，双肩放松并位于一条直线上，肋骨上提，腹部收紧，头部自然摆正，双臂自然放松，双手放在脚弓处。

· 每次 5~10 分钟，每日 2~3 次。

· 训练中如出现不适，请立刻停止训练，及时休息。

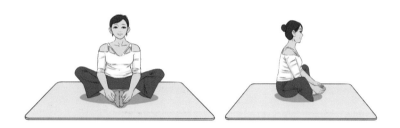

金刚跪坐

· 双腿并拢，脚背伸展，呈跪姿。

· 胸腰挺直，肋骨上提，双肩下沉，头部自然摆正，双臂自然放松，双手交叠放于腹前。

· 每次 5~10 分钟，每日 2~3 次。

· 训练中如出现不适，请立刻停止训练，及时休息。

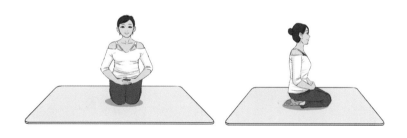

健康免疫力——时尚无器械、小器械训练 150 种

站立提踵训练

· 站姿训练的基础上，踮脚尖置于最高点，即脚后跟尽可能离开地面。

· 保持姿势不动，身体绷紧。

· 循序渐进，逐步增加可坚持时间。

· 该训练可以提高踝关节力量，增强身体控制
能力。

· 每次 15~60 秒，每组 4~5 次，每日 2~3 组。

· 训练中如出现不适，请立刻停止训练，及时
休息。

日常靠墙训练

· 身体靠墙站立，建立头部、躯干及双腿
在一条直线上的本体感觉，塑造时刻保持身体
直立、姿态挺拔的良好习惯。

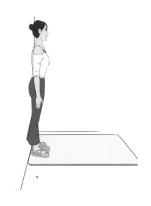

· 每次站立 15~20 分钟，每日 2~3 次。

· 训练中如出现不适，请立刻停止训练，及
时休息。

仰卧双前抬腿

· 仰卧位，双腿绷直夹紧，绷脚尖，双臂放于体侧。

· 将双腿抬离地面 45°，保持。再继续抬离 90°，保持。

· 还原时落至 45°，保持。再缓慢落地。

· 整个过程要控制上身不发生移动。

· 每组 5~8 次，每日 3~5 组。

· 训练中如出现不适，请立刻停止训练，及时休息。

仰卧双前抬腿

地面前抱腿

· 伸直腿坐于地面，双脚回勾。

· 单腿屈膝将足跟置于另一腿膝关节处，双手抱住脚心做伸膝屈膝动作。

· 整个过程腰背挺直，身体要稳。

· 每组 4~6 个，左右各 3~5 组。

地面前抱腿

· 训练中如出现不适，请立刻停止训练，及时休息。

地面前屈腿

· 仰卧勾脚，双腿交替抬至最高点再落下。

· 练习时注意置于地面的腿保持伸直，不能屈膝离开地面。

· 每组 4~6 个，左右各 3~5 组。

· 训练中如出现不适，请立刻停止训练，及时休息。

地面前屈腿

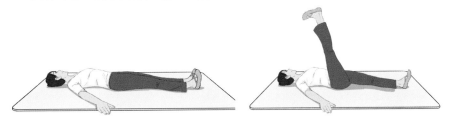

基本动作

左右移颈

·对镜而坐，目视前方。

·将两只手掌置于耳侧，保持一寸左右距离。上颈段发力，头部水平移动，让耳朵去碰手掌。

·一定要平移，不能有任何的倾斜和旋转。

·动作熟练后，可拿掉双手，独立动作。

·每组 10~20 次，每日 3~5 组。

·训练中如出现不适，请立刻停止训练，及时休息。

左右移颈

前后探头

·面对镜子，颈部前后平移，注意一定不要仰视或俯视，做到最大限度，增强颈部的控制能力。

·每组 10~20 次，每日 3~5 组。

·训练中如出现不适，请立刻停止训练，及时休息。

前后抖肩

· 双手叉腰站立，双肩前后交替移动。

· 双肩的发力点位于肩胛骨，动作幅度尽可能大，注意不要耸肩。

· 动作熟练后打开双臂，掌心向下，做双肩交替前后移动。循序渐进，由慢到快，注意不要耸肩。

· 每组 20~40 次，每日 3~5 组。

· 训练中如出现不适，请立刻停止训练，及时休息。

前后抖肩

软手

· 伸出双手，由内向外依次弯曲手指并伸直。手腕、掌心、手指关节呈波浪形练习可以增加手掌的柔软度。

· 单手 20~30 次 / 组，每日 3~5 组。

· 训练中如出现不适，请立刻停止训练，及时休息。

软手

水蛇手臂

· 展开手臂，自然放松，微微提肩依次向外发力，肩—肘—腕—手，连贯一线，由近及远，依次延伸。

· 动作熟练后双臂可同时进行，左上右下，右上左下，左右交替。

· 每组 20~40 次，每日 3~5 组。

· 训练中如出现不适，请立刻停止训练，及时休息。

水蛇手臂

小五花

· 小五花的基本手型为兰花指，即拇指与中指贴近，其他手指自然伸展弯曲。

· 在转动过程中会出现三种位置走向，即手背相向左右打开、手心相向一手在上一手在下、手心相向左右打开。

· 每组 10~20 次，每日 3~5 组。

· 训练中如出现不适，请立刻停止训练，及时休息。

小五花

胸部四向练习

·将上胸段分别向身体的前侧、后侧、左侧和右侧推到极限，使胸部得到充分的拉伸。

·动作过程中注意要控制下半身，保持髋关节以下固定，不要左右摆动。

·四个方向练习充分后，可四点连线画圆，增强胸部的灵活性。

·胸部单向训练 15~30 次，胸部画圆 10~20 次，每日 3~5 组。

·训练中如出现不适，请立刻停止训练，及时休息。

胸部四向练习

左右摆髋练习

· 站立位，放松，单侧腿放松，屈膝提脚尖，顶另一侧髋关节。

· 左右交替进行。经常练习可以增强身体灵活性。

· 每组 20~30 次，每日 3~5 组。

· 训练中如出现不适，请立刻停止训练，及时休息。

前后顶髋练习

· 双膝微屈扎马步，髋关节做前后收放动作。

· 前顶时下腹及臀肌向前方用力收紧，后顶时髋部放松向后放。

· 膝关节不要晃动。

· 每组 20~30 次，每日 3~5 组。

· 训练中如出现不适，请立刻停止训练，及时休息。

前后顶髋练习

秧歌步

· 左脚向右前方迈步。

· 然后右脚向左前方迈步。

· 接下来左脚回到初始位置。最后右脚回到初始位置

· 每组 20~30 次，每日 3~5 组。

· 练习时身体放松、膝关节要有弹性。

· 训练中如出现不适，请立刻停止训练，及时休息。

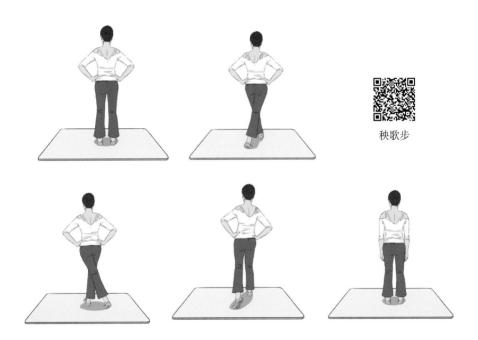

秧歌步

并步

· 站姿。

· 左脚向左迈出一步。

· 右脚跟随左脚并拢轻轻点地。

· 右脚向右迈出一步。

· 左脚跟随右脚并拢轻轻点地。

· 左右交替练习。

· 每组 20~30 次，每日 3~5 组。

· 练习时身体放松、膝关节要有弹性。

· 训练中如出现不适，请立刻停止训练，及时休息。

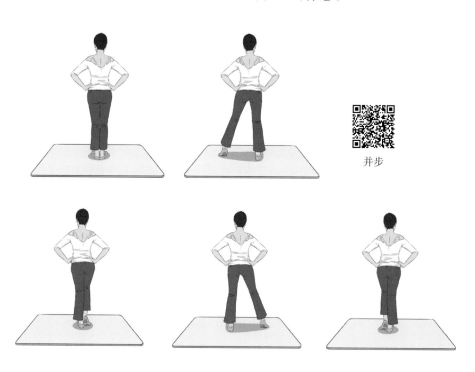

并步

三步踩

· 借助墙面，双手扶墙并分开与肩同宽。

· 右脚向左前方迈步，左脚向右前方迈步，右脚再次向左前方迈步并踩踏两次，身体随跨步扭转。

· 口令：右 – 左 – 右踩踩，左 – 右 – 左踩踩。

· 每组 10~20 次，每日 3~5 组。

· 练习时身体放松，膝关节要有弹性。

· 训练中如出现不适，请立刻停止训练，及时休息。

三步踩

压脚侧点

· 上脚为交叉上步，退脚为交叉退步，侧脚脚尖于体侧点地。

· 口令：上左脚、侧右脚，上右脚、侧左脚，退左脚、侧右脚，退右脚、侧左脚。

· 每组 15~30 次，每日 3~5 组。

· 练习时身体放松，膝关节要有弹性。

· 训练中如出现不适，请立刻停止训练，及时休息。

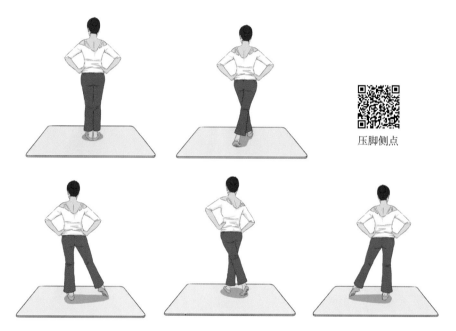

压脚侧点

前后点踏

· 左脚先向前走一步，接着右脚向前迈出半步脚跟点地。

· 右脚后退一步，然后左脚后退脚尖点地。

· 每组 15~30 次，每日 3~5 组。

· 练习时身体放松，膝关节要有弹性。

· 训练中如出现不适，请立刻停止训练，及时休息。

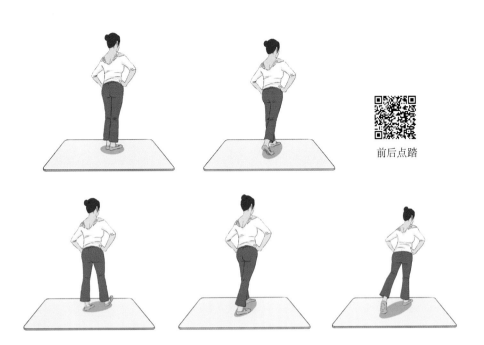

前后点踏

居家舞蹈组合

下肢小组合

· 下肢小组合可参考《C哩C哩》《最炫民族风》配乐，进行有节奏且动作熟练的练习。

· 下肢放松，步伐轻快，膝关节有弹性。

· 每日 3~5 次。

· 练习时如出现不适，请立刻停止，及时休息。

C哩C哩　　　最炫民族风

上肢小组合

· 上肢小组合可参考《茉莉花》配乐，进行上肢动作练习。

· 上肢要柔美，有控制，有力度，动作要舒展。

· 每日 3~5 次。

· 练习时如出现不适，请立刻停止，及时休息。

茉莉花

协调小组合

· 协调小组合可参考恰恰组合及《大梦想家》配乐，进行肢体协调性练习。

· 上下肢要协调，肢体要灵活，不要太僵硬。

· 每日 3~5 次。

· 练习时如出现不适，请立刻停止，及时休息。

恰恰　　　大梦想家

优美小组合

·优美小组合可参考音乐《美丽的草原我的家》《桥边姑娘》，进行舒展练习。

·上下肢要协调，肢体要舒展、柔和、有力。

·每日 3~5 次。

·练习时如出现不适，请立刻停止，及时休息。

美丽的草原我的家　　桥边姑娘

活力小组合

·活力小组合可参考音乐《卡路里》进行练习。

·姿态要挺拔，上下肢要协调，动作要有力。

·每日 3~5 次。

·活动中出现不适，请立刻停止，及时休息。

卡路里

家庭
锻炼

亲子平板支撑一

· 家长一人做平板支撑，孩子坐或趴在家长身上。

· 30~60 秒 / 次，练习 3~5 次。

· 防止孩子跌下。

亲子平板支撑二

· 父母两人并排朝同一方向做平板支撑，孩子在父母身体上来回滚动。

· 每次保持 30~60 秒，练习 3~5 次。

· 防止孩子跌下。

负重靠墙蹲

·家长两脚分开与肩同宽，双膝、双髋弯曲90°。后背及后脑勺靠墙，保持半蹲姿势。双手托住孩子腋下，使孩子悬空或双脚站在家长大腿根部。

·每次保持 1~2 分钟，练习 3~5 次。

·大腿与脚尖朝向同一方向，不可膝内扣。防止孩子跌倒。

负重伸膝

·家长坐在椅子上，尽量让腘窝靠近椅子边缘，孩子骑坐在家长的双脚踝处。家长练习伸膝动作。伸直后保持 3 秒。

·每组 10~20 次，练习 3~5 组。

·伸膝过程中有髌骨摩擦感者可以每次保持 30~60 秒。

平板支撑击掌

· 两人相距 50 厘米左右，头对头做平板支撑。稳定后保持平板支撑姿势，抬起一只手互相击掌一次，然后换另一只手击掌。交替进行。

· 每组左右手各击掌 5~10 次，练习 3 组。

· 平板支撑动作要规范，抬手的时候躯干不能有大的晃动。

平板支撑——伏地挺身击掌

· 一人（A）做平板支撑，另一人（B）与 A 头对头俯卧位，双臂伸直靠近耳朵，并保持间隔适当距离。当 B 挺身抬头时，抬起一只手与 A 击掌一次；再次挺身时换手击掌。

· 每组 20~30 个，练习 2~3 组。

· B 挺身时双腿不要抬起。

辅助下倒立俯卧撑

· 一人（A）倒立，另一人（B）双手抓住 A 的小腿，A 做俯卧撑。

· 每组 6~10 次，练习 1~3 组。

· 谨防倒立之人臂力不足发生跌伤或扭伤。

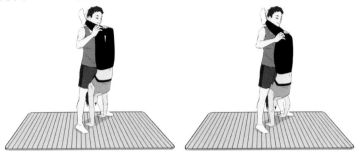

双人俯卧撑

· 一人（A）仰卧位双腿分开，双臂伸直向上。另一人（B）与 A 双手相握，做俯卧撑。

· 每组 15~20 次，练习 3~5 组。

· 防止翻滚跌伤。若女性在下双臂力量较弱，可双肩外展，双肘屈曲支撑于地面。力量弱的人做俯卧撑可以屈膝用双膝支撑。

对抗组合 1——髋外展肌与肩内旋肌

· 一人（A）坐在凳子上，屈膝屈髋，双膝向外分开；另一人（B）坐在 A 对面的垫子上，双手向内推 A 双膝的位置，两人对抗。

· 每组 15~20 次，练习 3 组。

· A 双膝靠拢的时候避免膝内扣。

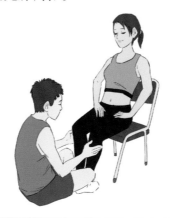

对抗组合 2——髋内收肌与肩外旋肌

· 一人（A）坐在凳子上，屈膝屈髋，双膝向内并拢；另一人（B）坐在 A 对面的垫子上，双手向外推 A 双膝的位置，两人对抗。

· 每组 10~15 个，练习 3 组。

· B 用力的时候双肘靠紧躯干两侧。

对抗组合 3——核心屈曲稳定

·一人（A）仰卧屈髋屈膝，双臂伸直朝上，双臂用力向下向双膝靠拢。另一人（B）双臂分别对抗 A 的双臂和双膝。

·每次用力保持 6~8 秒，练习 5~10 次。

·用力不要太大，以免引起 A 其他部位过度用力。

对抗组合 4——核心扭转稳定

·一人（A）仰卧屈髋屈膝，双臂伸直朝上，双手交叉握住，双臂与双膝分别向身体的左右两侧用力扭转躯干。另一人 B 双臂分别对抗 A 的双臂和双膝使 A 躯干不能扭转。

·每次用力保持 6~8 秒，练习 5~10 次。

·用力不要太大，以免引起 A 其他部位的过度用力。

双人臀桥

·一人（A）与另一人（B）头朝同一方向或相反方向。A双手支撑在B的髂前上棘下，B做臀桥。

·每组15~20次，练习3~5组。

·A要充分把肩顶起，不能出现蝴蝶背（两肩胛骨中间凹陷）。

负重伸髋——核心稳定性锻炼

·一人（A）手膝位支撑，一条腿屈膝90°，另一条腿做伸髋动作使脚向上伸。另一人（B）在A后方仰卧位，双臂伸直放于地上，双腿伸直并拢压在A向上伸的脚上。A脚向上伸的时候B保持躯干和双腿伸直。

·每组5~10次，练习2~3组。

·要防止跌伤。

人体杠铃

· 一人（A）双手环抱，一只脚勾住另一条腿。另一人（B）双手分别抓住 A 的一侧肘窝和腘窝做杠铃弯举或硬拉动作。

· 每组 10~20 次，练习 3~5 组。

· 要防止跌伤，A 被抓部位的软组织不要出现挫伤。

仰卧举腿传球

· 两人头顶头仰卧位，一人（A）用双脚夹起一个气球屈髋向上抬腿。另一人（B）屈髋用双脚接过气球并伸髋使气球触碰到地面，然后回传给 A。交替传球。

· 每组 15~20 次，练习 2~3 组。

· 动作要规范，不要弓腰。

拉伸胸肌

· 两人面对面站立，双手搭在对方肩上。

· 两人同时屈髋压对方的肩膀并轻轻向下用力。

· 每组 30~45 秒，练习 3 组。

· 练习时如果出现肩膀疼痛及时停止，不要过度用力。

拉伸臀肌

· 两人仰卧位脚掌相对做蹬车动作。

· 一人用力时另一人放松。

· 蹬到最大位置时稍用力并保持 6~8 秒。

· 每组 3~5 次，练习 3 组。

· 屈膝屈髋时不要膝内扣。

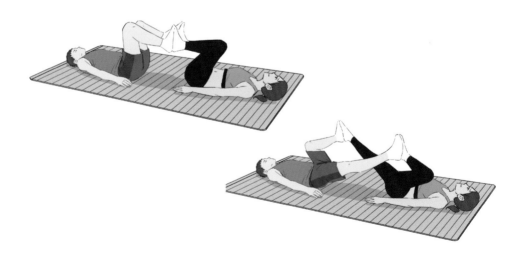

拉伸背部

·一人（A）仰卧在垫子上，身体放松。另一人（B）两腿分开立于A身体两侧并抓住A的双手使A躯干尽量弯曲。

·每组8~10秒，练习3组。

·防止关节脱臼。

拉伸体侧链

·两人并排站立，一人左手与另一人右手绕过头顶拉住，两人同时髋部向两侧分开，外侧腿可弯曲以维持平衡。

·每组8~10秒，练习3组。

·注意力度不要过大。

拉伸髂腰肌

·两人背对背单膝跪位，双臂上举互相握住双手，把膝盖向前顶。

·每组8~10秒，练习3组。

·向前顶膝盖的时候不要把腰向前弓。

拉伸小腿后肌群

·一人（A）双手并拢放在胸前，身体挺直前倾，脚跟不离地；另一人（B）在 A 前方侧面手放胸前顶住 A 的双手同时做下蹲和蹬伸。每次蹲到 A 能承受的最大角度，保持，然后蹬伸站起。

·每组 6~8 秒，练习 3 组。

·B 的下蹲和蹬伸动作要规范，防止跌伤。

健康免疫力——时尚无器械、小器械训练 150 种

运动——开启健康之旅

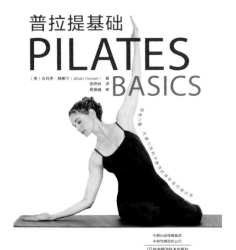

跑步笔记
Running

骑行笔记
Cycling

游泳笔记
Swimming

千里之行始于足下 → 健身,从现在开始

12周
科学健身指南

12周——从久坐族到健身达人的蜕变